Paul D. Bartsch
Amt des Sängers

Liederliche Auslese I

Paul D. Bartsch (Jg. 1954) war Möbelbauer und Lehrer. Er hat als Literaturwissenschaftler promoviert und arbeitet als Medienpädagoge in einem pädagogischen Landesinstitut, er ist Buchautor und Journalist, verheiratet, Vater von zwei (fast) erwachsenen Kindern und - Liedermacher.
Reichlich 300 Lieder sind in den Jahren zusammen gekommen. Mal singt er sie als Solist zur Gitarre, mal begleiten ihn Freunde und Musikerkollegen. Seine Programme führen ihn deutschlandweit auf Kleinkunstbühnen und Theaterpodien, in Bibliotheken und Schulen. Er hat Zuhörer in Tschechien und Bulgarien, spielt für dänische Gymnasiasten und polnische Germanistikstudenten. Zahlreiche Tonträger tragen diese Töne weiter.
Nun bringt dieses Buch die Texte und Noten für zwei Dutzend ausgewählte Lieder.

Ein Lied kann die Welt nicht verändern.

Ein Lied kann sie aber durchschaubarer machen und mit Poesie füllen. Es kann Heiterkeit erzeugen und zum Nachdenken auffordern. Nähe herstellen oder Distanz. Weh tun oder streicheln, zartlautend, lautzart. Entsetzte Töne - getönte Sätze.
Ein Lied kann das Ende eines Schweigens sein und der Anfang eines Gesprächs.

Lieder können die Welt nicht verändern.
Das können nur wir.

Paul D. Bartsch

Amt des Sängers

Liederliche Auslese I

Inhalt

Amt des Sängers
Mensch mir gegenüber
Vorsehung
Ikarus
Quichotte
Sisyphos
Inselleben
Ballade vom Frost
Nichts dagegen
Biedermann und die Brandstifter
Zirkustiger
Achtundsechziger
Im Westen
Ein stolzes Schiff
Dreikäsehoch
Bergnot
Älter werden
Jeder & Keiner
Verrückt
Fahnenflucht
Ballade vom Drachen im Walde
Des Königs Gefolgsmann
Zwischenzeit
Prinzip Hoffnung

Amt des Sängers

Unbequem sein, doch kein enger Schuh,
der uns am Laufen hindert.
Unbequem sein, doch kein Göpelstrick,
unter dem blind im Kreis man sich schindert.
Reißzwecke sein in Schreibtischsesseln,
Messer für zu enge Fesseln
Feuer unter kalten Kesseln,
Wärme für den Mut, der überwintert.

Unbequem sein, aber kein Korsett,
das die Brust zusammenpreßt.
Unbequem sein, doch kein trüber Traum,
der dich nachts nicht schlafen läßt.
Lautsprecher sein für taube Ohren,
Nadeln, die Hornhaut zu durchboren,
Schmerz um das, was wir verloren,
und immer auf der Suche nach dem Rest.

Sich nicht in alles fügen,
sich niemals selbst belügen,
nicht im Gehirn verfetten,
Gedanken nicht anketten.

Sich in die Dinge mischen,
Probleme nicht verwischen,
nicht falsche Rücksicht nehmen,
für Irrtum sich nicht schämen.

Nicht in der Kammer brüten,
nicht seine Zunge hüten,
wo andre schweigen, schrein -
unbequem sein!

Unbequem sein, aber nicht der Sand,
den man ins Getriebe streut.
Unbequem sein, doch kein feiges Wort,
das den Streit mit andern scheut.
Keine Lobeshymnen lallen,
nicht um jeden Preis gefallen,
aber einer sein von allen,
gestern und morgen und heut.

Mensch mir gegenüber

Weißt du, Mensch mir gegenüber,
laß deine Höflichkeit um jeden Preis.
Gehn wir miteinander um, dann lieber
so, daß einer um den andern weiß.

Weißt du, Mensch mir gegenüber,
halte dich nicht hinter dir versteckt.
Was dich freut und stört - wir reden drüber.
Sollst mal sehn, was man dabei entdeckt.

Weißt du, Mensch, warum ich dir
so gern gegenüber steh;
weil ich mir in deinem Blick
selber in die Augen seh,
weil ich, was ich von dir fordre,
manchmal nicht erfüll, und auch,
weil ich einen Gegenüber brauch.

Weißt du, Mensch mir gegenüber,
Partner, Kind, Kollegin oder Freund;
es macht nur die Aus- und Einsicht trüber,
wenn man das, was man sich sagt, nicht meint.

Weißt du, Mensch mir gegenüber,
jeder baut ein Fundament und legt
einen Steg aus Ehrlichkeit hinüber,
daß wir uns begegnen, wenn er trägt.

Weißt du, Mensch, warum ich dir …

Vorsehung

Ich hab 'n Auto und Benzin
und wo ich hin will, komm ich hin;
es sei denn, die Straßen hörn vorher auf -
'n Umweg nehme ich nicht in Kauf!

Ich hab 'ne Hütte und 'n Hund,
der kläfft sich seine Kehle wund,
dass jederman respektvoll bei Tag und bei Nacht
um mich 'nen großen Bogen macht.

    Aber war das schon alles oder kommt da noch mehr,
    was vorgesehn ist allenfalls?
    Ist das Glas nun halb voll oder ist es halb leer -
    und warum kratzt das Zeug so im Hals?!

Ich hab 'n Garten und 'n Zaun,
lass mir doch nicht meine Kirschen klaun,
und falln die Lausbuben nachts drüber her,
dann greife ich zum Luftgewehr.

Ich hab 'n Fenster und 'ne Tür,
die bleiben zu, dass ich nicht frier,
'ne Uhr mit 'm Zeiger, der sich viel zu schnell dreht,
und 'n Sessel und 'n Fernsehgerät.

    Aber war das schon alles ...

Ich hab 'ne Frau und hab 'n Kind,
weil wir 'ne Bilderbuch-Familie sind,
da legen wir uns miteinander nicht an,
solange ich's vermeiden kann.

Aber war das schon alles ...

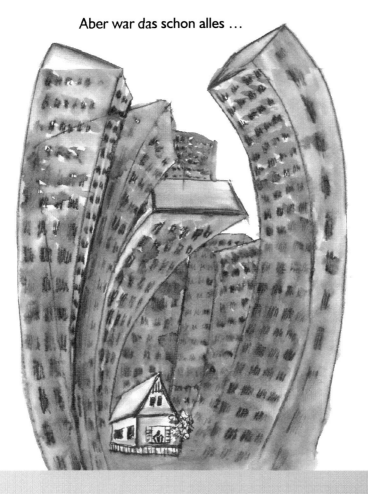

Vorsehung

Vorsehung

Daß nicht jeder Blütentraum reift,
hat Goethe dem Prometheus klargemacht,
und daß nicht jede Theorie die Massen ergreift,
wie sich Vater Marx das gedacht:

Doch ich lebe noch
und ich schwebe doch
wie **Ikarus** vorm Sonnenbrand;
doch ich leb ja noch
und ich gebe doch
die Flügel nicht so einfach aus der Hand.

Daß mir meine Haut näher ist
als'n blütenweiß gestärktes Hemd;
und daß 'ne Revolution ihre liebsten Kinder frißt,
ist mir nun weiß Gott nicht mehr fremd:

Doch ich lebe noch ...

Daß nicht nur mein kluger Kopf denkt,
sondern auch mein gieriger Bauch,
und daß der meine Schritte hin zur Futtergrippe lenkt,
das weiß ich inzwischen auch:

Doch ich lebe noch ...

Daß man endlich doch die Kanten verbiegt,
an denen man sich jahrelang reibt,
und daß nicht nur ein Dagegen genügt,
solange ein Dafür möglich bleibt:

Denn ich leb' ja noch ...

Quichotte

Die Rosinante ist im Ställchen fast verhungert,
Schild und Lanze sind im Keller eingestaubt,
und mein Knappe hat gelangweilt rumgelungert -
an meinen Aufbruch hat er längst nicht mehr geglaubt.

Doch wenn der Herrgott dir die eine Tür zuschlägt,
macht er irgendwo 'ne andre für dich auf.
Also nicht lang überlegt,
ob das Eis dahinter trägt;
ich sag' mir, ich verlass' mich einfach drauf.

Sisyphos

Jeden Morgen liegt der Stein auf meiner Brust.
Jeden Morgen hebe ich ihn an.
Jeden Morgen überkommt mich dieser Frust,
dass ich ohne ihn nicht leben kann.

Jeden Morgen rolle ich den Felsen vor mir her.
Jeden Morgen habe ich es satt.
Jeden Morgen falln die ersten Schritte schwer
auf dem Weg zur ewig neuen guten Tat.

Doch stell ich mir vor, da wäre
eines morgens diese Leere,
weil der Stein tatsächlich oben auf dem Gipfel liegt,
und die Götter wärn verschwunden -
wofür hätt ich mich geschunden
und als Dank 'n krummes Kreuz gekriegt?!

Lieber Stein,
sollst mein Spiegel sein;
bist mir so ähnlich, trägst mein Gesicht.
Lieber Stein,
ohne dich wär ich allein
und auch dich gäbs ohne mich wohl nicht.

Jeden Morgen liegt der Stein auf meiner Brust.
Jeden Morgen hebe ich ihn an.
Jeden Morgen überkommt mich diese Lust,
weil ich ohne ihn nicht leben kann.

Sisyphos

Sisyphos

Inselleben

Auf 'ner Insel leben;
wer hat das noch nie geträumt.
Rings vom Meer umgeben,
das am weißen Ufer schäumt.

Nächte unter Sternen;
Himmel riesig, Welt ganz klein,
und von grundauf lernen,
seiner selbst genug zu sein.

Unter Palmen liegen,
wo kein Blick im Rücken sticht.
Mit der Möwe fliegen,
die dem Fisch vom Sterben spricht.

Das nur will ich essen,
was die eigne Hand erzeugt,
und was war, vergessen:
keine Last mehr, die mich beugt.

Doch ich steige täglich
auf der Insel höchste Höh'.
Zeit ist unerträglich,
Leere tut den Augen weh.

Und ich schür das Feuer
und ich hoff, du wirst es sehn.
Insel - Ungeheuer;
kannst du übers Wasser gehn?

Inselleben

Ballade vom Frost

's war wie ein langes Sterben;
nun scheint die Liebe tot.
Wir laufen durch die Scherben
und unsre Spure färben
auf dünnem Eis sich rot.

Die Liebe ist erfroren
vom Scheitel bis zum Zeh.
Wir geben sie verloren
und *draußen vor den Toren,*
da liegt ein tiefer Schnee.

Der fiel ganz sacht hernieder;
zuerst, da spürst du's kaum.
Du schüttelst dein Gefieder
und denkst, der taut schon wieder
wohl unterm Lindenbaum.

Und wirklich kam gezogen
wohl zwanzig mal ein Mai,
doch ist er stets verflogen.
Der Sommer war gelogen
und im August vorbei.

Das Herz kennt die Gefahren
des Winters nur zu gut.
Es hat wohl mit den Jahren
zu oft den Frost erfahren
und weiß, wie weh das tut.

So muss es sich verschließen
vor diesem kalten Weiß,
doch will der Lenz uns grüßen,
solang die Wasser fließen
da unterm dünnen Eis.

Ballade vom Frost

Nichts dagegen

Ich hab ehrlich nichts dagegen,
S-Bahn-Züge bunt zu sprühn,
nur um Rostschutzfarbe sollten sich
die Maler schon bemühn.

Ich hab ehrlich nichts dagegen,
wenn zwei Jungs zusammen tanzen,
und ich grinse höchstens heimlich
über Machos und Emanzen.

Aber wenn so'n Dutzend Feige
einen fast zu Tode prügeln,
und paar Hundert stehn drumrum,
ohne diesen Haß zu zügeln,
und die Boulevard-Journaille
blitzlichtgeil die Feder spitzt,
weiß ich, daß man hier in Deutschland
immer noch im Glashaus sitzt.

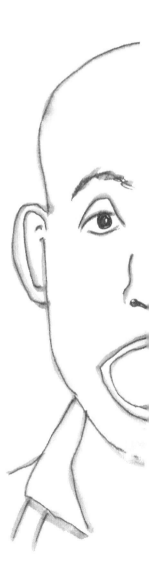

Ich hab ehrlich nichts dagegen,
sich 'ne Glatze zu rasiern,
wenn man mir die Freiheit läßt,
mich so, wie ich will, zu frisiern.

Ich hab ehrlich nichts dagegen,
wenn mich einer mal anschreit,
wenn er in der Atempause
mir dann seine Ohren leiht.

Aber wenn so'n Dutzend Feige …

Ich hab ehrlich nichts dagegen,
wenn du dieses Lied nicht magst,
und ich würd mich sogar freun,
wenn du mir das offen sagst.

Nichts dagegen

Biedermann und die Brandstifter

Da ham im deutschen Land
zunächst mal die Bücher gebrannt;
da wollten man's nicht glauben und war blind,
daß hinterher Menschen dran sind.

Und stieg in Buchenwald der Rauch
und trug der Wind den süßlichen Hauch,
da wollte man's nicht sehn und war blind,
daß nun schon Unter-Menschen dran sind.

> Biedermann, die Brandstifter kommen,
> und du öffnest ihnen dein Haus;
> wenn die wieder gehn, schlagen aus dem Dach
> die Flammen raus ...

Erst, als das ganze Land
in hellen Flammen stand,
da wurd es manchem unterm Hinter heiß;
man sollte meinen, daß er's seitdem weiß.

> Biedermann, ...

Flaschen, mit Benzin gefüllt;
wieder wird die Wut gestillt,
wieder wird gezündelt, Brandgeruch im Wind,
wieder stellt sich Biedermann blind:

Noch brennt nur das Haus gegenüber,
aber der Funke springt rüber;
tu nicht so, als ob du das nicht kennst,
weil du dir diesmal nicht nur den Arsch verbrennst!

Biedermann, die Brandstifter kommen …

Biedermann und die Brandstifter

Zirkus-Tiger

Ich bin im Zirkus geboren.
Meine Eltern hatte man dort schon gezähmt.
Ein bißchen Instinkt geht wohl verloren,
doch man fühlt sich keineswegs gelähmt.

Ich wurde im Zirkus erzogen.
Das war gar nicht so unangenehm.
Ich habe keinen Gitterstab verbogen;
das Leben verlief pünktlich und bequem.

Ich bin im Zirkus augetreten
zwischen Zuckerstück und Peitschenknall.
Ich wollte die Dompteure niemals töten
und war also ein hoffnungsvoller Fall.

Ich bin durchs Feuer gesprungen
und habe durch das Gitter gefaucht.
Ich hab mit schwarzen Pantern gerungen
und manche Leopardin mißbraucht.

Ich wär im Zirkus sicher auch gestorben,
im Maul das allerbeste Gnadenbrot.
Jemand hätte mein gestreiftes Fell erworben,
doch der Zirkus machte vorher schon bankrott.

Und man zerbrach die Gitterstäbe
und man verkaufte auch das kleine Zelt.
Ich bin drin großgeworden, doch ich lebe
nun zugegeben freier in der Welt.

Man läßt mich einfach in der Sonne liegen
und sagt zu kleinen Kindern ohne Scham:
Vor dem Tiger braucht ihr keine Angst zu kriegen;
der kommt nur aus'm Zirkus und ist zahm.

So trag ich schwer an meinen alten Schulden;
es ist nicht einfach, ist der Ruf erst mal versaut.
Man sollte das Gerede still erdulden,
man muß die Brocken schlucken, die man kaut.

Ich bin ein Tiger in den besten Jahren;
ich bin halt nur im Zirkus geborn.
Doch wer da glaubt, mein Zug ist abgefahren,
der hat schon gegen mich verlorn.

Zirkustigern lacht man heut gern ins Gesicht,
fürchtet euch nicht, Kinder, fürchtet euch nicht!
Zirkustigern lacht man heut gern ins Gesicht,
aber satt macht sie das nicht!

Zirkus-Tiger

Achtundsechziger

Da, wo die Sonne aufgeht, gewohnt,
hinter der Mauer, aber nicht hinterm Mond.
Da, wo der Riß durch die Welt ging, gelebt
und nachts aufgewacht, wenn die Erde bebt.

Ich war da grade vierzehn Jahre alt,
als aufm Ku'damm mächtig krawallt.
Und dieses Dröhnen in meinen Ohrn
von den Panzern in Prag hab ich nicht verlorn.

Auch ich bin ein Achtundsechziger.

Da war ich das erste Mal im Heu
mit'm Mädchen, alles war ziemlich neu.
Das Mädchen war aus Bochum zu Besuch
und kannte sich dank Oswalt Kolle aus; ich kriegte nicht genug …

Und unterm Dach fand ich dies Instrument,
das mir seitdem auf den Nägeln brennt.
Die Finger warn schnell wund; egal, ich will's,
und auf den Gitarrenbauch schrieb ich: This machine kills!

    Auch ich bin ein Achtundsechziger.

Das ist alles nun *verdamp' lang her* -
bei Oswalt Kolle regt sich gar nichts mehr
und Rudi Dutschke ist seit Jahren tot
und die goldne Moldau-Stadt ist auch nicht mehr russenrot.

Aber weil sich ziemlich tief eingräbt,
was man so mit vierzehn Jahrn erlebt,
hab ich auf Panzer und Parolen meinen Haß
und dank dem Mädchen aus Bochum jede Menge Spaß …

    Auch ich bin ein Achtundsechziger.

Im Westen

Das Weißbrot ist weißer.
Das Graubrot ist grauer.
Die Sommer sind heißer.
Die Winter sind rauher.

Die Jungen werden älter.
Die Hummer schmecken hümmer.
Das Eisbein bleibt kälter.
Die Dummen sind dümmer.

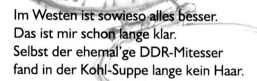

Im Westen ist sowieso alles besser.
Das ist mir schon lange klar.
Selbst der ehemal'ge DDR-Mitesser
fand in der Kohl-Suppe lange kein Haar.

Blonde Haare sind heller.
Mancher Freitag ist schwärzer.
Wilhelm Tell spielt man teller.
Nach hinten gehts rückwärtser.

Die Autos fahren leiser.
Rock 'n Roll-Musik ist lauter.
Waisenkinder sind weiser.
Die Nutten sind versauter.

    Im Westen ...

Das Buntfernsehn ist bunter.
Im Kaufhaus gibts mehr Kauf.
Maxiröcke gehn weiter runter.
Miniröcke gehn weiter rauf.

Das Glatteis ist glatter.
Die Zukunft ist lichter.
Die Satten werden satter.
Die Dichter dichten dichter.

    Im Westen ...

Die Parteien sind parteilicher.
Die Politiker reden besser.
Die Fixen habens eiliger.
Noch hat Mackie sein Messer.

Ein stolzes Schiff
(Traditional / E. Schmeckenbecher / P. D. Bartsch)

Ein stolzes Schiff streicht einsam durch die Wellen
und führt uns unsre deutschen Brüder fort.
Die Fahne weht, die weißen Segel schwellen;
Amerika ist ihr Bestimmungsort.
Seht auf dem Verdeck sie stehen,
sich noch einmal umzusehen
ins Vaterland, ins heimatliche Grün.
Seht, wie sie übers große Weltmeer ziehn.

Sie ziehn dahin auf blauen Meereswogen;
warum verlassen sie ihr Heimatland?
Man hat sie um ihr Leben schwer betrogen,
die Armut trieb sie aus dem Vaterland.
Schauet auf, ihr Unterdrücker,
schauet auf, ihr Volksbetrüger:
seht eure besten Arbeitskräfte fliehn;
seht, wie sie übers große Weltmeer ziehn.

Sie ziehn dahin, wer wagt sie noch zu fragen,
warum verlassen sie ihr Heimatland.
Du armes Deutschland, wie kannst du es ertragen,
daß deine Brüder werden so verbannt?
Was sie hofften, hier zu gründen,
suchen sie dort drüben zu finden,
nun ziehen sie vom deutschen Boden ab
und finden in Amerika ihr Grab.

Das Schiff bleibt hinterm Horizont verschwunden,
das Aug' läuft über und das Herz ist schwer.
Der Schmerz der hundert Jahre alten Wunden
flammt wieder auf bei dieser Wiederkehr:
Wieder leuchten drüben hell die Sterne,
wieder zieht's die Jungen in die Ferne,
und wieder merken wir's erst, wenn's zu spät,
dass uns am End' die Heimat untergeht.

Ein stolzes Schiff

Dreikäsehoch

Wenn wir keine Armee zusammenkriegen,
dann ziehn wir eben alleine los
und lassen uns in den Urwald fliegen
mit Fallschirm, Fanfaren und Rettungsfloß.
Mutter soll uns einen Kuchen backen
und Vater gibt uns noch 'n bisschen Geld.
Lass uns die sieben Sachen einpacken,
die man so braucht in der weiten Welt,

> Ich kann nicht mehr warten,
> ich muss hier raus.
> Die Zwerge im Garten,
> die zipfeln die Mützen und lachen mich aus.
> Ich kann nicht mehr bleiben,
> ich muss weiter ziehn.
> Die Knospen, die treiben
> doch in jedem Frühjahr aufs Neue ihr Grün.

Wenn wir keine Armee zusammenkriegen,
dann kämpfen wir auf uns alleine gestellt
und lassen uns doch nicht unterkriegen;
jeder hält reiherum Wache vorm Zelt.
Mutter soll uns ein paar Äpfel abwaschen
und Vater gibt uns seinen Kompass mit.
Vorne am Brunnen, da fülln wir die Flaschen,
verteilen die Lasten und tragen's zu dritt.

Wenn wir keine Armee zusammenkriegen;
komm, Schwester Tamara, komm, Bruder Che,
wir könn'n doch nicht ewig vor Anker liegen,
wir kappen die Seile, wir stechen in See.
Mutter, die wischt sich die Augen verstohlen,
und Vater sagt, ich wär ein dummes Kind.
Ach, soll doch der Teufel die Erwachsenen holen,
die mit ihrem Leben zufrieden sind.

Dreikäsehoch

Bergnot

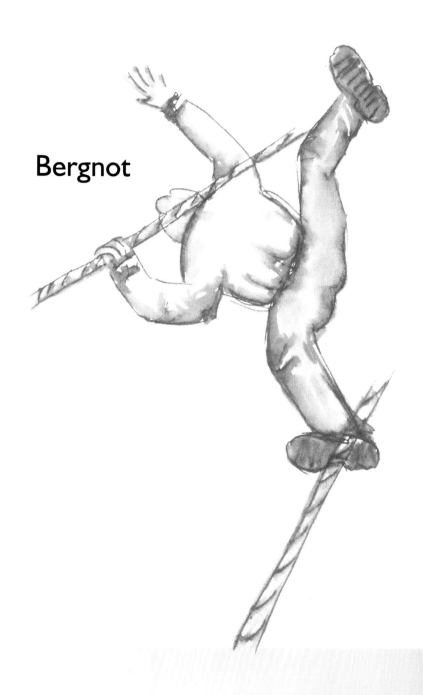

Ich häng in der Steilwand am seidenen Faden,
bis aufs Blut mit den Fingern im Felsen verkrallt.
Kaum noch Kraft in den Armen, 'nen Krampf in den Waden,
nur die Sohle des Bergschuhs im einzigen Spalt:

Ich komm nicht mehr weiter und nicht mehr zurück,
so hoch übern Wolken, so'n winziges Stück
nur noch bis zum Gipfel, aber da steht
längst schon der Mast, an dem die fremde Fahne weht …

Wie war diese Seilschaft da vor mir gestiegen?
Wo schlugen sie ihren Keil in den Stein?
Keine Spurn in der Wand; die konnten wohl fliegen?!
Nein, mir ist nicht zum Lachen; vor Wut könnt ich schrein:

      Ich komm nicht mehr weiter …

Ich häng in der Steilwand; ich wollt's ja nicht glauben,
daß da oben die Luft immer dünner wird.
Es heißt doch, da reifen die süßesten Trauben,
doch allein ohne Seilschaft hab ich mich verirrt:

      Ich komm nicht mehr weiter …

Bergnot

Älter werden

Älter werden wolln wir alle,
aber doch nicht alt,
klüger, reifer, weiser werden,
doch am End' nicht kalt.
Ja, wir wolln im Leben weiter
vorwärts komm' und an,
nicht gescheitert, nur gescheiter
an das Ende dieser Leiter,
aber was kommt dann?!

Älter werden wolln wir alle,
wolln es schon als Kind;
endlich dürfen, was die Großen dürfen,
weil die die Großen sind.
Eignes Zimmer zum Verschließen,
steht mein Name dran;
was da für Gedanken sprießen,
werd nur ich, sonst niemand wissen,
aber was kommt dann?!

Dann schrei ich los: Was soll mir die Bibel?!
Ich brauch das Paradies schon, wenn ich lebe!
Sieben Häute hat die Zwiebel;
noch hängt mein Leben in der Schwebe.

Älter werden wolln wir alle,
daß man uns erlaubt,
selbst die Märchen zu erzählen;
gleich, ob man sie glaubt.
Sicherlich, so war das schon mal,
Kinder, sehts euch an:
Heiles Bild der guten Oma,
ach, nun liegt sie halb im Koma,
aber was kommt dann?!

Älter werden wolln wir alle,
endlich jemand sein,
der am Schreibtisch sitzt, vor dem man
ängstlich bleibt und klein.
Hörer ab und Nummern wählen;
andre gehen ran,
die auf deine Worte zählen,
sich, wenn du nicht anrufst, quälen,
aber was kommt dann?!

Älter werden wolln wir alle,
wer nicht will, der muß
wachsen wie die Zahl der Jahre
schließlich bis zum Schluß.
Schaun wir die verdeckten Karten
uns doch mutig an:
Altersheim mit Wintergarten,
Halma spielen, Besuch erwarten,
aber was kommt dann?!

Älter werden

Jeder & Keiner

Und als der weiße Wolkenpilz erblühte,
da wurden uns die Augen groß.
Bevor der schwarze Regen uns verbrühte,
fieln uns gebratne Tauben in den Schoß.
Und an das ferne Dröhnen
kann man sich auch gewöhnen ...

Jeder hat gesehn, wie die Zeichen stehn,
aber dass die Kugel rollt, das hat keiner gewollt.
Jeder hat's gewusst, dass ein Feuer rußt,
aber dass es kracht, das hat keiner gemacht.

Der Bildschirm zeigt sich übersät von Zielen;
wir setzen gelbe Kreuze drauf -
eins von den neuen Unterhaltungsspielen
mit vorgegebenem Verlauf,
denn die das programmieren,
die wolln doch nicht verlieren ...

Doch beim Befehl, die Spielwelt zu verlassen,
gehorchen die Computer nicht.
Sie sind's gewöhnt, die Ziele zu erfassen
und wer sie dabei unterbricht,
den werden sie belohnen
mit ein paar Explosionen ...

Und als der weiße Wolkenpilz erblühte,
da wurden uns die Augen groß.
Bevor der schwarze Regen uns verbrühte,
fieln uns gebratne Tauben in den Schoß,
und irgendwo wird eben
ein Löschbefehl gegeben ...

Jeder & Keiner

Verrückt

Der ist verrückt, den laßt nicht laufen!
Der predigt, daß die Welt bald untergeht.
Dem gebt kein Geld, der wird's versaufen;
bei dem ist sowieso alles zu spät.

Der hat sich wochenlang schon nicht gewaschen
und behauptet nun, das Wasser sei verseucht.
Der hat 'ne Handvoll Lehm in seinen Taschen
und hält diesen mit seinem Speichel feucht.

    Und dann singt er so seltsame Lieder,
    daß er bald einen Berg besteigt,
    und er formt sie nach seinem Bild wieder,
    eh' der Tag sich zum sechsten Mal neigt,
    und bläst dem kalten Lehmgebein
    ein neues Leben ein.

Der ist verrückt, der läuft barfuß in Sandalen.
Der holt sich diesen Winter doch den Rest.
Der kann den warmen Ofen nicht bezahlen;
besser, wenn man den wegschließen läßt.

    Und dann singt er ...

Der ist verrückt, der sammelt tote Tauben
und sagt traurig, es ist noch kein Land in Sicht,
und dann rupft er ihr Gefieder, wohl im Glauben,
daß ihm Flügel wachsen, aber das stimmt nicht!

Der hat so wirres Haar und hohle Wangen,
der lächelt irr und irgendwie bedrückt.
Der fragt, wofür hab ich am Kreuz gehangen …
Die Leute sagen, der ist doch verrückt.

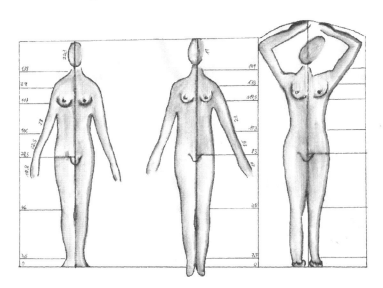

Verrückt

Fahnenflucht

Am Abend haben wir das Lager aufgebaut;
die Wagenburg, ein fester Kreis.
Ein guter Ort zum Sterben, wenn der Morgen graut
im Niemandsland, das niemand weiß.
Ein Fässchen Branntwein geht herum,
es wird gesungen und gelacht.
Der Kommandeur nimmt's heut' nicht krumm
im Angesicht der letzten Schlacht.

Noch kann ich nicht das Weiß im Aug' des Feindes sehn.
Noch liegt der Nebel überm Land.
Der steigt erst auf, wenn sich die Winde drehn.
Noch habe ich dich nicht erkannt.

Ich weiß, du liegst da drüben hinterm grauen Fluss,
der uns noch trennt für diese Nacht.
Der Himmel wölbt sich drüber wie aus einem Guss,
ich stehe hier, du dort auf Wacht.
'ne Leuchtrakete - für'n Moment
zerreißt ihr Blitz die Dunkelheit,
als ob ein Teil des Himmels brennt;
der graue Fluss ist nicht sehr breit.

    Noch kann ich nicht das Weiß in deinen Augen sehn ...

Die Uniform, den Helm, die Stiefel abgelegt,
das Koppel, den Patronengurt.
Dazu die Waffen, unbenutzt, doch gut gepflegt.
Der graue Fluss hat keine Furt.
Das kühle Wasser auf der Haut,
die Strömung reißt mich in den Tod.
Ich hab dir wohl zu sehr vertraut? -
Da zieht mich deine Hand ins Boot.

    Noch kann ich nicht das Weiß in deinen Augen sehn ...

Fahnenflucht

Ballade vom Drachen im Walde

Auch ich war ein scheinbar zufriedenes Kind,
war eher noch stiller, als andre es sind.
Das Land meiner Väter, so eben und klein,
schien mir ein gutes Zuhause zu sein.

Nur der Wald in der Ferne - ein dunkler Strich -
und verschwommene Berggipfel, die lockten mich,
doch abends am Feuer, da wurde mir bang,
wenn der alte Geschichtenerzähler aufstand und sang:

> Geh nicht in den Wald, wo der Drache drin wohnt;
> der hat bisher noch keinen verschont.
> Steig nicht übern Berg, wo der Drache drin haust;
> da bleichen die Knochen der Mutigen, dass es dich graust!

So wuchs ich heran und habe mein Land
bald bis in den hintersten Winkel erkannt.
Was ich sah, das war gut, und es hat mir gefalln,
und doch ging es mir so, wie inzwischen fast alln:
Denn da lag er ja zum Greifen nah, dieser Wald,
da wehte der Bergwind so frisch und kalt,
und mein Bruder, der hielt es einfach nicht aus,
und verließ eines Abends mich und unser Zuhaus:

> Geh nicht in den Wald …

Ich konnte nicht mitgehn, ich war wohl zu brav,
doch in dieser Nacht kam ich nicht in den Schlaf.
Dass er tot sei, hat Vater am Morgen gemeint,
und die Mutter hat tagelang um ihn geweint.
Doch mit der Zeit zogen immer mehr los,
war auch die Furcht vor dem Drachen noch groß,
so wuchs auch ihr Mut, und sie wünschten sich Glück,
doch keiner, keiner kam je aus dem Walde zurück …

> Geh nicht in den Wald …

Ballade vom Drachen im Walde

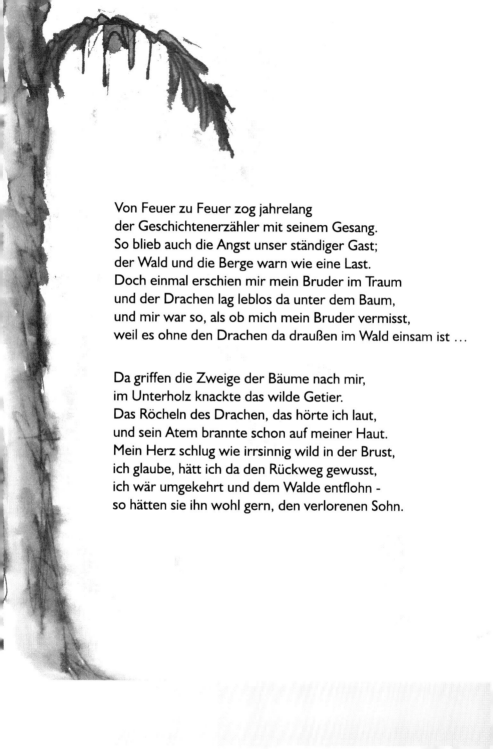

Von Feuer zu Feuer zog jahrelang
der Geschichtenerzähler mit seinem Gesang.
So blieb auch die Angst unser ständiger Gast;
der Wald und die Berge warn wie eine Last.
Doch einmal erschien mir mein Bruder im Traum
und der Drachen lag leblos da unter dem Baum,
und mir war so, als ob mich mein Bruder vermisst,
weil es ohne den Drachen da draußen im Wald einsam ist …

Da griffen die Zweige der Bäume nach mir,
im Unterholz knackte das wilde Getier.
Das Röcheln des Drachen, das hörte ich laut,
und sein Atem brannte schon auf meiner Haut.
Mein Herz schlug wie irrsinnig wild in der Brust,
ich glaube, hätt ich da den Rückweg gewusst,
ich wär umgekehrt und dem Walde entflohn -
so hätten sie ihn wohl gern, den verlorenen Sohn.

Der Morgen brach an, und die Sonne zerriss
den Nebel, die Kälte und die Finsternis.
Ich stand auf dem Berg und mich wärmte ihr Licht,
nur den grässlichen Drachen, den gab es nicht.
Und in diesem Moment, da wurde mir klar,
warum keiner der andern zurückgekehrt war:
Hier spüren sie alle, so verschieden sie sind,
dass erst hinter den Drachengeschichten das Leben beginnt.

> Geh nicht in den Wald, wo der Drache drin wohnt;
> der hat bisher noch keinen verschont.
> Steig nicht übern Berg, wo der Drache drin haust;
> da bleichen die Knochen der Mutigen, dass es dich graust!

Und weil mir das tief in den Knochen drin steckt,
hat mir seither täglich die Neugier geweckt
und der Wunsch, meinen Bruder mal wiederzusehn
und mit ihm in das Land meiner Väter zu gehn.
Weil die Angst vor dem Drachen im Walde nicht ruht,
geht es dort den Geschichtenerzählern noch gut;
doch die Kinder, die würden uns das nicht verzeihn,
denn den Weg durch den Drachenwald, den findet man nur allein.

> Also auf in den Wald!

Ballade vom Drachen im Walde

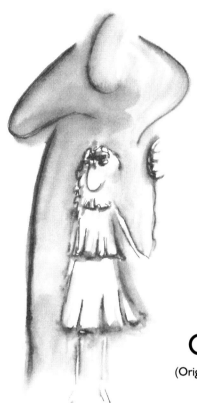

Des Königs Gefolgsmann

(Originaltext & Musik: Björn Afzelius;
dt. Text: Paul D. Bartsch)

Marie läuft durch die Wiesen,
Marie läuft durch den Wald,
singt fröhlich mit den Lerchen,
auf dass es weithin schallt.
Im Korb trägt sie zum Markte
das duftend frische Brot.
Die Sonne steigt so warm und groß und färbt
den Himmel rot.

Da kommt ein Herr geritten
auf einem stolzen Ross.
Er steht wohl als des Königs Mann
in Lohn auf einem Schloss.
"Was gehst du, hübsche Jungfer,
deines Wegs denn so allein?
Du wirst dem Mann des Königs sicher gern
zu Willen sein!"

Er zwingt Marie zu Boden,
er nimmt sie mit Gewalt.
Marie fleht Gott um Hilfe an;
den Ritter läßt das kalt.
Er peinigt sie, berauscht sich
voll Lust an ihrem Schmerz.
Da fasst Marie sein Messer fest und stößt
es in sein Herz.

Man hat Marie ergriffen,
das Urteil schnell gefällt.
Dem Ritter hat sein König
ein Denkmal hingestellt.
Da treibt man uns vorüber
wie eine Horde Vieh.
Wir schaun es an und singen stumm das Lied
von der Marie.

Des Königs Gefolgsmann

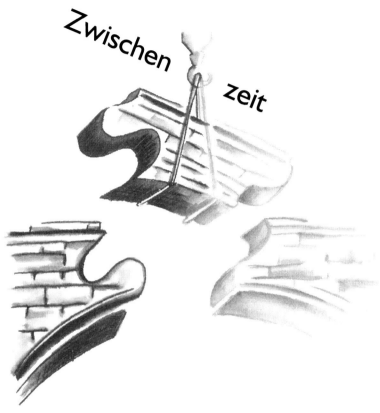

Früher war gestern, die Zukunft ist morgen.
Heute ist die Zwischenzeit.
Die übt sich stets in Hoffnung verborgen
auf die künftige Vergangenheit.
Früher wars besser, das ham wir verspielt,
übermütig mutig in'n Spiegel gezielt,
nun stehn wir da, aber du, mein Sohn,
sollst es mal besser haben aufm Thron.

Der Spruch meines Vaters, vom Vater geerbt.
So gültige Worte, so haltbar gegerbt.
Die gehn doch nicht unter, wenn alles verderbt.
Die Fahne fiel nie, wenn der Träger auch sterbt.

    Früher war gestern, ...

Den Blick ausgerichtet aufs blühende Land.
Ein buntes Plakat klebt an der grauen Wand.
Am roten Pfeil aufwärts die Richtung erkannt.
Geduldiges Warten kost' nicht den Verstand.

    Früher war gestern, ...

Da lebt man sein Leben in schwieriger Zeit.
Das Gestern vergangen, die Zukunft ist weit.
Die bittere Bitte: Ach Sohn, sagt Bescheid,
wenn ihr da, wo wir auch mal hinwollten, seid.

    Früher war gestern, ...

Zwischenzeit

Zwischenzeit

Prinzip Hoffnung

Dass es klingelt und mein Sohn mit 'nem Mädchen dasteht,
bei dessen Anblick mir mein väterliches Herz glatt aufgeht,
dass meine Tochter dick und rund wird und sich darüber freut,
dass meine Frau mich dann noch liebt und das zu zeigen sich nicht scheut ...

> Ich hab die Hoffnung noch nicht aufgegeben,
> das noch zu erleben;
> ich hab die Hoffnung noch nicht aufgegeben,
> das noch zu erleben!

Dass Joe Cocker mal so alt wird, wie er heute schon aussieht,
dass Madonna, längst im Ruhestand, sich immer noch auszieht,
dass man Rapper, Hipper, Hopper zu Klassikern verklärt
und daß man die Liedermacher für ihre Träume ehrt ...

Dass aus deutschen Hymnen all die Wörter rausgestrichen werden,
die so klingen, als ob wir was Bess'res wärn auf Erden,
und dass 'n Pariser Staatspräsident
die Atolle in der Südsee nur als Ferieninseln kennt ...

       Ich hab die Hoffnung ...

Dass die Schulen voller Abenteuer sind statt der Zensurn,
dass die Arbeit nicht nur stattfindet zwischen Stempeluhrn,
dass die Waffen im Museum stehn, in das kaum einer geht,
und dass Freundlichkeit nicht nur als Formel unter Briefen steht ...

Dass ein jeder, wo er wohnt, sich auch zuhause fühlt,
dass ihn die Sonne nicht verbrennt und der Frost nicht unterkühlt,
dass er satt vom Tisch aufsteht und nichts vergammeln läßt,
dass er dem Schwachen nachgibt und ihm nicht nur den Rest ...

       Ich hab die Hoffnung ...

Prinzip Hoffnung

Noten

Nachfolgend nun meine Interpretationsvorschläge für die zwei Dutzend Lieder.

Es ist gar nicht so einfach, seine eigenen Vorstellungen so zu fixieren, dass sie für Andere nachvollziehbar werden. Ich hoffe, es ist mir ansatzweise gelungen. Günstig für das Nachspielen ist es zweifellos, die Titel „im Ohr" zu haben. Deshalb wird im Anhang des Liederbuches auf die dazugehörigen CDs hin gewiesen.
Die Gitarrenbegleitung habe ich bewusst auf die Grundakkorde reduziert; Varianten und Erweiterungen sind möglich. Die Bezeichnung der Gitarrenakkorde folgt dem international gebräuchlichen Standard (Großbuchstaben für Dur-Akkorde, Kleinbuchstaben für Mollakkorde usw.).

Also - viel Spaß!

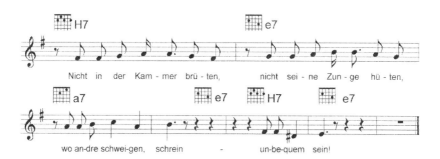

Mensch mir gegenüber

Vorsehung

Inselleben

Auf 'ner In - sei le - ben; wer hat das noch nie ge - träumt.

Rings vom Meer um - ge-ben, das am wei-ßen U - fer schäumt.

Näch-te un - ter Ster-nen, Him-mel rie - sig, Welt ganz klein,

und von Grund auf ler - nen, sei-ner selbst ge-nug zu sein, sei-ner

selbst ge - nug zu sein.

Ballade vom Frost

Nichts dagegen

Ich hab ehr-lich nichts da-ge-gen, S-Bahn-zü-ge bunt zu sprühn, nur um Rost-schutz-far-be soll-ten sich die Ma-ler schon be-mühn. A-ber wenn so'n Dut-zend Fei-ge ei-nen fast zu To-de prü-gelt, und paar hun-dert stehn drum-rum,

Biedermann und die Brandstifter

Da ham im deut-schen Land zu - nächst mal die Bü-cher ge - brannt, da woll-te mans nicht glau-ben und war blind, dass hin-ter - her Men-schen dran sind. Bie-der-mann, die Brand-stif-ter kom - men und du öff-nest ih-nen dein Haus, wenn die wie-der gehn, schla-gen aus dem Dach die Flam-men raus.

Zirkustiger

Achtundsechziger

Ein stolzes Schiff

Ein stol-zes Schiff streicht ein-sam durch die Wel-len und trägt uns uns-re deut-schen Brü-der fort. Die Fah-ne weht, die wei-ßen Se-gel schwel-len, A-me-ri-ka ist der Be-stim-mungs-ort. Seht auf dem Ver-deck sie ste-hen, sich noch ein-mal um-zu-se-hen ins Va-ter-land, ins hei-mat-li-che Grün. Seht, wie sie ü-bers gro-ße Welt-meer ziehn.

Bergnot

Jeder & Keiner

Des Königs Gefolgsmann (En kungens man)

Kapo V. Bund

Prinzip Hoffnung

Anmerkungen

Wenn nachfolgend zu den einzelnen, alphabetisch angeordneten Liedtexten Erläuterungen gegeben werden, bedeutet dies natürlich nicht, dass ich dem Leser bzw. Hörer misstraue. Texte sollen für sich sprechen und verständlich sein; funktioniert das nicht, sind sie fehl am Platze. Andererseits bin ich selbst immer wieder überrascht, welche Fülle an Deutungen möglich ist. Also habe ich meine Beweggründe für diese Texte aufgeschrieben, was übrigens gar nicht so einfach war, da das Schreiben ja kein vornehmlich rationaler Vorgang ist nach dem Leitsatz „Jetzt schreib' ich aber mal 'nen Text zu dem und dem Thema". Diese Anmerkungen sind also keine Vorgabe, *wie* man einen Text zu verstehen habe! Sie sind lediglich *eine* Möglichkeit der Annäherung, die sich vielfältig vollziehen kann. Im Nach-Denken über die Texte kann und soll man sich ruhig auch auf andere, eigene Wege begeben!

Zusätzlich interessant war für mich, dass sich für dieses Liederbuch die Chance einer bildkünstlerischen Gestaltung bot. Was die Grafikdesignerin Melanie Moritz an Textdeutungen gefunden hat, ist stets mehr als Illustration: visuelle Lesarten, die die Phantasie anregen und die auch mir selbst mitunter Dinge über meine Texte verraten haben, die ich so vorher nicht gesehen habe. Deshalb sind den Erläuterungen auch die Bemerkungen von Melanie Moritz - jeweils kursiv gesetzt - hinzu gefügt.

Achtundsechziger

In diesem Lied steckt viel eigene Biographie, denn ich bin Jahrgang '54! Die 68er Bewegung in Westeuropa kannte ich natürlich nur vom Hörensagen. Näher dran war die Zerschlagung des sogenannten „Prager Frühlings" durch die Truppen des „Warschauer Paktes". Ich steckte mitten in der Pubertät und entdeckte die Gitarre als Kommunikationsinstrument. Und der Spruch „This machine kills!" stand damals auf der Gitarre des schottischen Folksängers Donovan.

Auf meinem Bild ist eine Straßenszene zu erkennen, welche von einer aufgebrachten, demonstrierenden Menschenmasse nach unten begrenzt wird. Auf der Straße selbst befindet sich ein Panzer. Dies sind Motive sowohl für die reale Zerschlagung des „Prager Frühlings" als auch für das Emotionale im Menschen dieser Zeit. Aber dies wird alles durch die überdimensionale Gitarrendarstellung in Subdominanz gestellt. Die positive Erinnerung dominiert für mich im Lied, daraus folgt meine überhöhte Darstellung des Instruments. Die Gitarre steht unmittelbar in Verbindung mit dem Panzer, um Stellung zu nehmen. Beide Erinnerungen - positiv und negativ - bleiben in der Gestaltung präsent, wobei die Gitarre noch heute ihre Aktualität als Kommunikationsmittel für den Liedermacher zeigt und Ausdruckskraft beweist.

Älter werden

Anmerkungen sind hier sicher gar nicht nötig, denn über das Älter werden hat sich wohl jeder schon seine Gedanken gemacht. Wenn man Kind ist, möchte man gern älter sein, um das zu dürfen, wozu man angeblich noch zu klein ist. Später dann möchte man gern noch mal jünger sein - irgendwie ist es also merkwürdig mit dem Älter werden ...

Passend zum Thema habe ich mich für die Sanduhr, der nur noch eine minimale Menge an Sand = Zeit verbleibt, als spannungsvolles Motiv entscheiden. Jeder Mensch, ob jung oder alt, möchte gern Zugriff auf die Zeit haben, vor allem, wenn sie sich zum Ende neigt. Aber der biologische Ablauf kann nicht verändert werden. Älter werden ist unabdingbar und endet bei allen gleich.

Amt des Sängers

Es gibt im Deutschen viele Sprüche über das Singen: „Singe, wem Gesang gegeben" sagt man oder „Wo man singt, da lasst euch ruhig nieder - böse Menschen haben keine Lieder" (?!); „Vögel, die am Morgen singen, holt am Abend die Katze" sagt ein Sprichwort, und eins behauptet: „Da schweigt des Sängers Höflichkeit". Darüber habe ich nachgedacht, denn *Höflichkeit* ist nicht das Amt des Sängers, so wie ich es - als Liedermacher - verstehe. Also ist dieses Lied entstanden, in dem ich versucht habe, mein *Amt* zu beschreiben …

„Unbequem sein" ist die Hauptaussage, die der Text vermittelt. Deshalb habe ich den Sänger in meiner Gestaltung auf eine karge, überhöhte Leiter gesetzt. Unter ihm befindet sich eine sich unwillkürlich bewegende Menschenmasse, die ihm kaum Beachtung schenken wird. Die starke Distanz zwischen Sänger und Menschenmenge macht die Einsamkeit des Sängers deutlich. Dennoch lässt er sich nicht verdrängen und er wird nicht aus Höflichkeit schweigen, denn sein Amt ist die Aufklärung, und die Kritik ist sein Lohn.

Ballade vom Drachen im Walde

Sicher, das ist ein Lied über meine Sozialisation in der DDR. Aber ich habe es bewusst auf eine märchenhaft-mythische Ebene gehoben, denn so sind doch viele Geschichten aufgebaut, die man als Kind zu hören bekommt: Sie warnen vor den tatsächlichen, aber mehr noch vor den angeblichen Gefahren, die dem drohen, der die gesetzten Grenzen überschreitet. Eine Weile mag das funktionieren; auf Dauer wohl nicht. Und spätestens, wenn man erkannt hat, dass das Pfeifen im Walde über die erste Furcht hinweg hilft, sollte es eigentlich kein Halten mehr geben ...

Mein Motiv zeigt eine Landschaft mit einem düsteren Wald, welcher durch den Stern eine verlockende Wirkung erhält. Davor sitzen am Lagerfeuer zwei Erwachsene, die im Text als Geschichtenerzähler bezeichnet werden, und unmittelbar in der Nähe befinden sich zwei Kinder, wobei das eine der Verlockung im Wald nachschaut. Die Geschichtenerzähler erhielten in meiner Gestaltung jeweils eine Blindenbinde, welche die Aussage des Textes unterstützen soll. Erst durch eigene und genauere Informationen soll man sich seine Meinung über das Hören-Sagen bilden und sich nicht in Resignation führen lassen, nur weil dies der einfachere Weg ist. Man soll sich bemühen, nach der Wahrheit zu streben, seiner Neugier zu folgen und vor allem der Individualität treu zu bleiben.

Ballade vom Frost

Ein Liebeslied, das auf den ersten Blick ziemlich traurig aussieht. Aber natürlich gehören auch Krisen und Abschiede zur Liebe und zum Leben. Davon wird schon seit Jahrhunderten gesungen, und ich habe deshalb versucht, in meiner „Ballade vom Frost" verschiedene Zitate aus der deutschen Poesie sowie dem deutschen Volkslied zu verarbeiten (sie sind im Text kursiv gesetzt). Dadurch - und durch die musikalische Gestaltung - erhält die Ballade selbst den Charakter eines schlichten Volksliedes, dessen letzte Strophe (im Bild des Frühlings = Lenz) die Hoffnung besingt, dass es trotz der bitteren Krise weitergehen wird.

In diesem Lied überwiegt Trauer - der Liebe, der Krisen und der Abschiede, was in meiner Gestaltung wie im Lied als Winterbild veranschaulicht wird. Die Trostlosigkeit wird besonders gut durch die Einfachheit und Kargheit der Darstellung vermittelt. Dennoch bietet die zum Rand hin offene Gestaltung dem Betrachter die Möglichkeit, weiter zu denken, was als Hoff-

nung wirkt. Denn der Winter, der hier als Synonym verwendet wird, ist nur eine von vier Jahreszeiten und wird immer durch einen Frühling abgelöst, der von vielen Menschen als ein Neuanfang betrachtet wird.

Bergnot

Höher, schneller, weiter als die Anderen - der Wunsch steckt in Vielen von uns. Doch in diesem Drang stecken auch Gefahren, vor allem, wenn man sich nicht auf Hilfe von Anderen (auf „Seilschaften" also im positiven Sinn) verlassen kann.

Mein Motiv ist ein Mensch, der sich in einer Notlage befindet und vergeblich ein Seil sucht - sinngemäß nach dem Refrainleitsatz Ich komm nicht mehr weiter und nicht mehr zurück ... Das Bild soll die Aussage des Textes unterstützen, indem es die Gefahr des Dranges, höher, schneller, weiter als die Anderen zu kommen, zum Ausdruck bringt. Und das fehlende Seil in meiner Gestaltung, das aus der Notsituation retten würde, ist als Assoziation für die Hilfe von Anderen gesetzt. Denn wenn man keine Hilfe annimmt oder sich nicht darauf verlassen kann, kann der eigene Standpunkt kritisch werden.

Biedermann und die Brandstifter

Rechtsradikalismus ist in Deutschland natürlich ein besonders sensibles Thema. Mich erschreckt vor allem, dass aus der Vergangenheit so wenig gelernt wird. Der Titel des Liedes verweist auf ein Bühnenstück des Schweizer Dramatikers Max Frisch - eine Parabel auf die Blindheit gegenüber der faschistischen Gefahr. Die ersten beiden Strophen erinnern an das sogenannte 3. Reich, die Bücherverbrennungen, die Konzentrationslager (Buchenwald bei Weimar, der „Klassikerstadt" Goethes und Schillers). Die letzten Strophen thematisieren aktuelle Erfahrungen der 90er Jahre: Brandanschläge gegen Asylantenwohnheime, die gerade in Ostdeutschland fast Alltag geworden sind, und Menschen, die immer noch meinen, das alles sei doch nicht so schlimm.

Meine Gestaltung zeigt eine Menschenmasse, die die Unter-Menschen, also die Betroffenen, andeuten soll. Diese kaum erkennbare, undeutliche, aber dunkle und wütende Masse bringt so viel Breite auf, um mit dem Hintergrund zu verschmelzen und aus sich selbst Flammen entspringen zu lassen; sinnbildlich nach der Textstelle „Aber der Funke springt rüber". Mitten in den Flammen ist der Schatten einer Figur zu erkennen, welche für den Biedermann steht und die Textstelle „... weil du dir diesmal nicht nur den Arsch verbrennst!" in ihrer Aussage unterstützt. Denn die anfangs kaum erkennbare Menge hat gelernt, die visuelle Breite auszunutzen, und indem die Einzelnen eng, durch gleiche Erfahrungen verbunden wurden, haben sie nun die Kraft, sich zur Wehr zu setzen.

Des Königs Gefolgsmann

Ein dänischer Freund (vielen Dank, Michael) hat mich vor einiger Zeit auf den - leider schon verstorbenen - schwedischen Singer/Songwriter Björn Afzelius aufmerksam gemacht, und ich habe mir eine CD von ihm gekauft. Viele seiner Lieder gefallen mir sehr gut - zum Beispiel dieses hier, das ich deshalb nachgedichtet habe. Afzelius sagte darüber, in seiner Heimat würden die meisten Menschen glauben, dies sei ein altes schwedisches Volkslied. Text und Musik bestärken diesen Eindruck. Dennoch halte ich das Thema keineswegs für veraltet ...

Im Mittelpunkt des Motivs steht ein Mädchen, dessen Unschuld der Luftballon verkörpert. Im Hintergrund ist die Gefahr als Figur dargestellt, ohne sie genauer zu definieren. Und man sieht es doch in den seltensten Fällen dem Menschen an, ob er gute oder schlechte Absichten hat.

Dreikäsehoch

„Dreikäsehoch" ist im Deutschen ein abfälliger, geringschätziger Ausdruck für Kinder. Man will ihnen damit sagen: Ihr seid noch zu klein für die Anforderungen des Lebens. Doch gerade als Kind und Jugendlicher hat man Wünsche, Träume, Visionen, Ideale - und die Hoffnung, dass man die Welt der Erwachsenen nach seinen Vorstellungen verändern kann. Später erkennt man seine Grenzen, und viele schämen sich als Erwachsene für ihre früheren Ideale ... Als ich selbst ein Dreikäsehoch war - in den 60er Jahren -, war meine Welt schwarz/weiß eingerichtet: Sozialismus kontra Kapitalismus. Ich bewunderte Menschen, die für ihre revolutionären Ideale kämpften und starben - wie die kubanischen Guerillas Che Guevara und Tamara Bunke. So wie sie wollte ich auch für meine Ideale eintreten. Natürlich haben mich die Großen weise belächelt. Ich glaube aber bis heute, dass wir Menschen nur durch die Ungeduld der Kindheit und Jugend weiterkommen. Deshalb habe ich den Dreikäsehochs aller Zeiten dieses Lied geschrieben.

Gezeigt wird der Aufbruch von Menschen in die Ferne eines Landschaftsbildes, um den Zeilen „Ich kann nicht mehr warten, ich muss hier raus" gerecht zu werden. Das Baumhaus im Vordergrund ist auf den Titel „Dreikäsehoch" bezogen, der im Deutschen ein abfälliger, geringschätziger Ausdruck für Kinder ist und angewendet wird, um die Unreife für die Anforderungen des Lebens auszudrücken. Das Verlassen des Baumhauses soll die Ungeduld der Kindheit und Jugend widerspiegeln, Träumen, Visionen und Idealen nach zu gehen. Rechts am Bildrand stehen zwei Menschen, die die Erwachsenen verkörpern und ihre Grenzen erkannt haben. Sie schauen der Jugend bei ihrem Versuch, den bisherigen Lebensweg zu verändern, nach, da sie selbst als „Dreikäsehochs" ihren Idealen nachgegangen sind.

Ein stolzes Schiff

Dies ist ein deutsches Auswandererlied aus der Zeit vor 1848. Viele junge Deutsche mussten damals ihre Heimat verlassen, weil sie keine Arbeit und keine Perspektive hatte. Die Folkgruppe „Zupfgeigenhansel" hat das Lied in einem Archiv gefunden und bearbeitet (die Melodie war nicht überliefert).
Ich habe das Lied um die vierte Strophe erweitert und ins aktuelle Programm aufgenommen, denn auch heute müssen wieder viele (Ost) Deutsche - vor allem Jugendliche - ihrer Heimat den Rücken kehren und ihr Glück „in der Ferne" suchen - die Arbeitslosigkeit im Osten liegt teilweise bei 25 Prozent!

Auf Grund des im Text beschriebenen Schauplatzes habe ich in meiner Gestaltung Deutschland als Hinter- bzw. Untergrund gewählt. Der König, der locker, leger, doch zugleich fest auf seinem Thron sitzt, soll den derzeitigen Staatsaufbau Deutschlands versinnbildlichen: Für mich zeigt er, dass wir uns in einem geordneten System befinden; daher auch die überdimensionale Darstellung in Bezug auf die Deutschlandkarte. Aber die wirklichen Mächte sind so aufgeteilt, dass er trotz seiner Größe und Position nicht bemerken wird, wenn „uns am End' die Heimat untergeht".

Fahnenflucht

Ein Text mit zwei Ebenen. Auf der ersten wird ein Moment der Besinnung beschrieben, vielleicht die Ruhe vor dem Sturm. Wir sind im Krieg (gegen wen eigentlich?) und bereiten uns auf die entscheidende Schlacht vor. Die Befehle geben andere, und wir gehorchen blind. Dann kommen die Fragen: Wer ist eigentlich unser gesichtsloser Feind? Will er mich auch töten - wie ich ihn? Warum gehorchen wir den Befehlen, ohne sie zu hinterfragen? Dann kippt die Geschichte um: Fahnenflucht! Uniform und Waffen ablegen, sich wehrlos in die Hand des Gegners begeben (was dann ja auch ganz wörtlich passiert: diese Hand wird mich aus der Strömung des Flusses retten - 3. Strophe).

Auf der zweiten, allgemeinen Ebene ist es für mich ein Lied über Toleranz und den Mut, ungewöhnliche Wege zu gehen. Wir fügen uns in unserem Leben nämlich zu häufig in vorgegebene Muster ein ...

Als Motiv habe ich eine Marionette gewählt, die von einer Hand gelenkt werden soll, sich aber dagegen wehrt und mit erkennbarem Einsatz versucht, diesem Befehl von oben entgegen zu wirken. Diese Darstellung soll die Aussage des Textes, dass jeder Mensch ein Individuum ist und das Recht auf eigene Entscheidung und Meinungsäußerung hat, bekräftigen. Nicht der oberen Gewalt gehorchen, wenn es gegen die eigene Moral spricht; sich nicht wie Maschinen programmieren lassen, sondern den Mut und die Toleranz aufweisen, sich individuell zu entscheiden. Diese Aussagen werden sowohl im Text durch den Soldaten, der Fahnenflucht begeht, als auch in meiner Gestaltung der ausbrechenden Marionette veranschaulicht.

Ikarus

Ich spiele gern mit Verweisen auf ältere künstlerische Motive - hier sind einige versammelt: der Goethesche „Prometheus", die Theorie des Kommunismus von Karl Marx („Die Theorie wird zur materiellen Gewalt, wenn sie die Massen ergreift!"), die beliebte Metapher „Die Revolution frisst ihre Kinder" (nach Rudolf Leonhardts Buch „Die Revolution entlässt ihre Kinder" über den Stalinismus) und das „Denken mit dem Bauch in Richtung Westen" aus der Wendezeit, und natürlich der Ikarus - der Traum vom Fliegen also, den ich trotz allem noch nicht aufgegeben habe!

Schon seit vorgeschichtlicher Zeit hat der Mensch den Wunsch zu fliegen, der häufig in Verbindung gebracht wird mit dem Gefühl, vor etwas fliehen zu müssen, was uns Angst bereitet. Der dazu nötige Antrieb steckt in jedem von uns. Es ist die Kraft der Selbstüberwindung und des Strebens - so lange man diesen Antrieb aufweist, hat man sich noch nicht aufgegeben, ähnlich dem Mythos des Ikarus. Somit habe ich mich für die Motivdarstellung des Ikarus als des aufstrebenden Menschen entschieden.

Im Westen

Ein ironisches Lied über die Ossi-Wessi-Problematik, die sich wohl erst mit der nächsten Generation auflösen wird. Inzwischen haben viele gemerkt, dass im Westen eben nicht alles besser ist. Deshalb die satirischen Übertreibungen, teilweise durch Worte und Wendungen, die es so im Deutschen gar nicht gibt. Häufig spiele ich hier mit doppelten Bedeutungen: Eisbein, Mit-Esser, Kohl-Suppe, Waise/weise usw.

Als gestalterisches Motiv habe ich den Kompass gewählt. Der Ironie der Aussage, im Westen sei sowieso alles besser, wird durch eine bestimmte Positionierung des Zeigers zusätzlich Nachdruck verliehen, denn die Nadel zeigt weder nach Ost oder nach West, sondern nach Norden. Nun, was ist also mit dem Norden? Ist er nicht vielleicht insgesamt besser als wir Ossis und Wessis?

Inselleben

Wohl jeder hat schon mal von einer einsamen Insel geträumt. Aber habt Ihr den Traum auch schon mal zu Ende gedacht? Ich habe es mit diesem Lied versucht - und mich plötzlich ganz schön einsam gefühlt ...

Um die Einsamkeit zu verdeutlichen, habe ich nicht nur einfach eine Insel als Motiv gewählt, sondern der Person gleich einen ganzen Planeten gewidmet, der sich dennoch nicht als zu groß erweist, als dass man ihn nicht in einer Stunde erkunden könnte. Die einzelne Palme soll eine Verbindung zum typischen Inselklischee herstellen. Jeder Mensch hat manchmal das Bedürfnis allein zu sein, aber schnell taucht Langeweile auf. Denn der Mensch ist ein Familienwesen und bis heute so veranlagt, dass er sich gern in Gesellschaft aufhält. Die Figur, die nun einsam auf dem Planeten sitzt, schaut in die Ferne, in der sich ein weiterer Planet befindet. Gestalterisch verstärkt werden das Fern-/Heimweh und die Sehnsucht nach Kommunikation durch die spannende Distanz beider Planeten-Welten.

Jeder & Keiner

Ich sehe in meinem Text mehrere Ebenen.
Zunächst ist es ein Lied über die Verantwortung des Einzelnen: Man ist ja schnell dabei zu sagen: „Schrecklich, was so passiert in der Welt, aber ich bin ja nicht schuld daran - und ändern kann ich es auch nicht!" Ich sehe in dieser Haltung eine große Gefahr. Wenn wir uns alle vor der Verantwortung für das, was vor unserer Haustür passiert, drücken, werden wir irgendwann nicht mehr gefragt werden. Und die Vergangenheit hat leider schon oft gezeigt, dass viele Menschen es bequem finden, in totalitären Systemen zu leben ...
Dann thematisiert das Lied die Gefahren der Medienwelt: Wo endet heute das virtuelle Spiel, wo beginnt die Realität? Wie weit sind Computer, die unser Leben an vielen Stellen bereits steuern, noch beherrschbar? Wer von uns überschaut heute - im Zeitalter des total vernetzten „global village" - noch die Folgen und Konsequenzen eines einfachen Tastendrucks am Computer? Ich habe manchmal die Sorge, dass wir da zu sorglos sind!
Und schließlich ist es ein Lied über den Krieg: Ich habe es geschrieben, als die Nato im Kosovo eingriff und mitten in Europa am Ende des 20. Jahrhunderts wieder ein schlimmer Krieg wütete. Ich war da auch hilflos, hatte auch keine Lösung für die ethnischen und religiösen Konflikte in dieser Region. Aber ich hatte etwas gegen die Mentalität vieler Menschen, die sagten: Das ist weit weg, sozusagen hinter den sieben Bergen, und das geht uns nichts an. Für uns wird es schon nicht so schlimm werden. Wirklich?

Auf meinem Bild ist ein Mann ohne charakteristische Gesichtszüge zu erkennen, um seine Beliebigkeit zu vermitteln. Mehrere gestreckte Zeigefinger weisen auf ihn, sprechen ihn schuldig.
Dieses Lied enthält zwar verschiedene Themen, aber die Hauptaussage lautet für mich: Die Menschheit, also Jeder, lässt sich zur Bequemlichkeit und Verantwortungslosigkeit verleiten, da es einfacher ist, mit der Masse an einem Strang zu ziehen als ihr entgegen. Treten dann irgendwelche Probleme auf, entzieht sich die Masse der Wahrnehmung - Kei-

ner ist schuldig. Gesucht wird dann nach dem Einzelnen, Beliebigen, der den Mut hat, die Verantwortung, die Schuld zu übernehmen.

Mensch mir gegenüber

Ein Lied über mein Selbstverständnis als Künstler, der sein Publikum braucht, um ein Gespräch zu führen. Und ein Lied über Toleranz, die den Menschen gegenüber als Individuum, als Andersartigen erkennt und akzeptiert.

Ich habe einen Menschen, der im Text die Züge eines Künstlers trägt, vor einen Spiegel gesetzt. Im Hintergrund spiegelt sich eine Menschenmenge, die das Publikum versinnbildlichen soll, wider. Jeder Künstler benötigt ein Publikum, um Anerkennung zu finden und ein Gespräch zu führen. Auch die daraus entstehende Kritik kann in seinem Selbstverständnis als Erfolg des Künstlers aufgenommen werden.

Nichts dagegen

Hier bewegt mich vor allem die Tatsache, dass so viele Menschen bei rechtsextremen Ausschreitungen tatenlos zuschauen oder sogar Beifall spenden. Und die Medien spielen häufig auch eine negative Rolle durch ihre reißerische Berichterstattung.

In der Gesamtheit wirkt meine Motivwahl als die geschlossene Darstellung eines Kopfes. Die Unterteilung gestaltete ich in Bezug auf das Thema des Liedes, in dem Rechtsextremismus und Ausländerfeindlichkeit angesprochen werden. Die linke Kopfhälfte verkörpert das typische Erscheinungsbild eines Rechtsradikalen: blass, kahlköpfig, verstärkte Wirkung durch das Hitlerbärtchen. Sein Ausdruck von Müdigkeit soll verdeutlichen, dass ihm seine Handlungen egal sind, und der weit geöffnete Mund wird nicht viel Intelligentes zu überbringen haben - eher ein Gähnen, gelangweilt von immer den selben Anschuldigungen. Aber gerade dieser Ausdruck soll den

Betrachter anregen, sich nicht selbst zur Gleichgültigkeit verleiten zu lassen, um nicht dem Weg der Resignation zu folgen.
Im Gegensatz dazu verkörpert die rechte Kopfhälfte einen - durch seine dunkle Haut und das gekräuselte Haar erkennbaren - Ausländer. Sein Ausdruck ist überrascht und erschrocken zugleich, was den Betrachter nochmals zum Nachdenken über seine eigene Haltung und Toleranz anregen könnte.

Prinzip Hoffnung

Das „Prinzip Hoffnung" ist eigentlich ein Leitsatz aus der Philosophie, aufgestellt von dem DDR-Philosophen Ernst Bloch, der wegen ideologischer Probleme Mitte der 60er Jahre in den Westen gehen musste. Mein Lied ist aber gar nicht philosophisch, denn sicher hat jeder von uns seine ganz privaten Hoffnungen - auch und gerade dann, wenn man in Schwierigkeiten steckt. Einige meiner Hoffnungen habe ich hier aufgeschrieben. Die Strophe mit dem französischen Staatspräsidenten und den Südseeinseln bezieht sich auf die Atomtests, die Frankreich noch vor wenigen Jahren trotz internationaler Proteste durchgeführt hat. Eigentlich ist das ein Lied, das man ständig fortschreiben und aktualisieren müsste, denn auch Hoffnungen entwickeln sich. Und jeder könnte sicher unschwer eine Strophe seiner eigenen Hoffnungen hinzu setzen ...

Auch meine Illustration bezieht sich ganz auf das Wort „Hoffnung". Den Blick der Figur, die aus dem Fenster gelehnt heraus schaut, habe ich in die Offenheit des Bildes gelenkt, lasse also genügend Freiraum, um den Betrachter zu eigenen Wunschvorstellungen und Hoffnungen anzuregen.

Quichotte

Zu den literarischen Figuren, die mich seit langem faszinieren, gehören Don Quichotte und Sancho Panza, die der spanische Dichter Cervantes vor Jahrhunderten geschaffen hat. Es steckt viel Witz und

Weisheit in der Geschichte um den alten Ritter, der seinen eigentlich überlebten Idealen treu bleiben will und immer wieder sein Pferd „Rosinante" sattelt und aufbricht in die Welt, die ihm fremd und unverständlich geworden ist. Immerhin hat Quichotte sein Gottvertrauen.
Ich hoffe, dass auch ich den Mut und die Kraft haben werde, immer wieder aufzubrechen. Und weil ich an keinen Gott glaube, muss ich dabei also auf mich selbst vertrauen ...

Ich habe das Bild des Don Quichotte in die Moderne übertragen, sprich: ihm Basecape und legere Kleidung verpasst. Die Gitarre ersetzt das Pferd. Ich sehe in Quichotte den Liedermacher, der in Begleitung seiner Gitarre auszieht, um nicht mit der Lanze zu stichein, sondern mit seinen Liedern. Der Gesamtausdruck des Bildes - bewegt und strebsam - soll die Kraft und den Mut des Liedermachers widerspiegeln, seinen Idealen treu zu bleiben - wie Don Quichotte.

Sisyphos

Sisyphos ist eine der bekanntesten Figuren der griechischen Mythologie. Er steht für die Monotonie einer Arbeit, die keinen Sinn zu haben scheint: Einen Stein auf einen Berggipfel zu rollen, was immer wieder kurz vor dem Ziel misslingt. Ich habe über diese Symbiose Sisyphos/Stein nachgedacht: Beide Seiten bedingen sich gegenseitig! Nur solange die Arbeit nicht vollendet ist, wird Sisyphos jeden Morgen aufstehen: Die Arbeit füllt ihn aus. Und der Stein wird dadurch zu einer Selbstüberwindung, die jeder von uns doch täglich leisten muss, oder?! Deshalb hängt Sisyphos mit einer Mischung aus Hass (erste Strophe) und Liebe (letzte Strophe) an dem Stein, der ihn ständig mahnt und zwingt, aktiv zu werden.

Mein ausgewähltes Motiv zeigt einen Berg, dessen Gipfel in der Zukunft liegt, und drei Menschen unterschiedlichen Alters: Kind, Frau, Großmutter, die alle einen Stein vor sich her schieben. Abgeleitet habe ich dies vom Mythos des Sisyphos, um die Symbiose mit dem Stein auf jeder Altersstufe des Lebens zu verdeutlichen, denn das ist die Selbstüberwindung, die jeder von uns täglich leisten muss.

Verrückt

Viele Menschen halten sich selbst für normal und lehnen alles ab, was aus dieser Norm herausfällt. Das ist ziemlich intolerant, wie ich finde. Ich habe im Lied diese Figur eines unnormalen, also „verrückten" Außenseiters mit einigen biblischen Motiven ausgestattet: die aus Lehm geformten Menschen, denen Leben eingehaucht wird, die Tauben Noahs, die nach der Sintflut nach Land suchen, das Kreuz, an das Christus geschlagen wurde. Ich bin selbst kein Christ, doch ich glaube, dass auch im Christentum die Akzeptanz des Fremden steckt - was heute leider häufig gerade im Namen des Glaubens und der unterschiedlichen Religionen anders gesehen wird!

Meine Illustration enthält drei Figuren, die alle in einen Maßstab gesetzt sind, wobei auffällt, dass die rechte Figur nicht in die Norm passt und auszubrechen versucht. Durch die Medien und das gesellschaftliche Umfeld werden solche Maßstäbe gesetzt und auch erwartet, und wer sich nicht anpasst, wird von der breiten Masse nicht toleriert, für unnormal erklärt und als Außenseiter behandelt. So fällt es nicht leicht, Individualität zu beweisen, aber meine Gestaltung zeigt den Mut einer Figur, die gesetzten Normen zu durchbrechen und ihre unverwechselbare Besonderheit zu bewahren.

Vorsehung

Ich bin jetzt Mitte 40, und mein Leben ist äußerlich ganz gut eingerichtet. Natürlich gehören auch solche Sicherheiten - wie Besitz, Eigentum, Familie - zum Leben. Fragwürdig wird es, wenn man sich nur noch darüber definiert, was man hat, und nicht fragt, wer man

eigentlich ist. Alles läuft nach Vorsehung - man hat längst aufgehört, wirklich zu leben.
Ich hoffe, dass mir das nicht passiert, denn ein Leben ohne Überraschungen ist doch ziemlich langweilig, oder?

Mein dafür ausgewähltes Motiv zieht den Blick des Betrachters zuerst in den Mittelpunkt. In diesem befindet sich ein bürgerliches Häuschen, mit Garten und Zaun umgeben - die Fixierung auf die Sicherheiten. Andererseits ist der Mensch nie zufrieden mit dem, was er hat, und sucht ständig nach mehr, obwohl alles um ihn herum schon erreicht ist.

Zirkus-Tiger

Diese Ballade erzählt zwei Geschichten: Eine vordergründige - der Tiger, der plötzlich ohne Gitterstäbe zurechtkommen muss - und eine versteckte - das Gefühl von Menschen, die plötzlich merken, dass Freiheit eine ziemlich große Herausforderung ist. Ich habe diese Erfahrung sozusagen am eigenen Leibe gemacht; vielleicht könnt Ihr durch das Lied ein bisschen von meinen Gefühlen als „Ex-DDR-Tiger" verstehen .

Ich habe versucht, dieser Figur Ausdruck zu geben für den Idealismus und seinen Verlust. Die Herausforderung der plötzlichen Freiheit liegt darin, dass sie es nicht gewöhnt ist, unabhängig von Zwang und Bevormundung zu sein und über sich selbst zu verfügen, was durch die Einsamkeit und Verletzlichkeit der Figur vermittelt wird.

Zwischenzeit

Jeder von uns nimmt sich in seiner Jugend vor, was er im Leben erreichen will. Alles scheint möglich. Doch dann ist die Realität meist anders als man denkt. Dazu die Sprüche der Älteren, dass es heute immer schlimmer wird und früher sowieso alles besser war. Schon resigniert man und gibt sich mit dem zufrieden, was man hat. Zum Glück wächst aber immer wieder eine neue Generation nach. Die Kinder erinnern uns schmerzhaft an die eigenen Träume und Wünsche und machen uns oft ein schlechtes Gewissen. Das Leben ist eben kein Staffelrennen, bei dem die nachfolgende Generation nur den Stab zu übernehmen und weiter zu tragen hat - nein, sie wird sich selbst Gedanken über Sinn und Ziel des „Lebens-Laufes" machen.

Ich habe mich bei diesem Lied für eine Brückenillustration entschieden, welche sich durch ihre puzzleartige Dreiteilung auszeichnet. In Bezug auf den Text bietet die Brücke hier die Funktion zum Überwinden von Hindernissen, die den Weg in die von uns erhoffte Zukunft erschweren. Die Richtung des Zeitverlaufes ist sowohl durch die 3-Teilung, als auch durch die Gestaltungsart erkennbar. Die Vergangenheit ist durch ihre Konturen und den starken Kontrast geprägt, da sie nicht verändert werden kann und uns stets begleiten wird. Sie ist das Leben bis zum gegenwärtigen Zeitpunkt.
Die Zukunft ist die kommende, nicht vorhersehbare Zeit, die der Gegenwart folgt und sich nur erahnen und erhoffen lässt. Daher weist sie in der Gestaltung nur ein vages Erscheinungsbild auf.
Das Bindeglied/der Zusammenhalt von Vergangenheit und Zukunft ist also die Zwischenzeit.

Bartsch auf

BLEYFREY: 68er
Die erfolgreiche, 1997 erschienene CD präsentiert neben dem Titelsong unter anderem rockige Versionen von „Im Westen", „Bergnot", „Prinzip Hoffnung" oder „Zwischenzeit". Für dieses Projekt standen Paul Bartsch im Studio versierte Kollegen wie Thomas Fahnert (Gitarren, Geige), Gerd Hecht (Bass) oder Ralph Schneider (Schlagzeug, Percussion) zur Seite. Mit abwechslungsreichen Arrangements und modernem Sound gelingt der in der populären Musik nicht eben einfache Brückenschlag zwischen inhaltlichem Anspruch und eingängiger Melodik sozusagen spielend.

Tonträger ...

Paul Bartsch: Weißes Kreuz auf rotem Grund
Diese CD entstand im Oktober 2001 als Live-Mitschnitt einer Tournee an dänischen Gymnasien. Sie enthält 17 Titel, die sich alle in diesem Liederbuch mit Text und Noten wiederfinden, und bietet sich damit als optimale akustische Ergänzung an.

Bei Einzelbestellung kosten diese CD's jeweils 7,00 EURO zzgl. Versandkosten; im Paket mit dem Liederbuch „Amt des Sängers" beträgt der Gesamtpreis lediglich 15,00 EURO (Buch + eine CD nach Wahl) bzw. 20,00 EURO (Buch + beide CD's).

... und zum Lesen

Paul D. Bartsch: Große Brüder werfen lange Schatten
DDR, im Frühjahr 1970. Auch an der Erweiterten Oberschule einer Kleinstadt im Vorharz liefert der *Deutsche Soldatensender* die Begleitmusik des freien deutschen Jugendlebens. Man diskutiert gelangweilt die Schlagzeilen den *Neuen Deutschland*, begeistert sich für grüne Gurken im Februar und erwartet die Trapo-Streife im Zug wie ein ungeschriebenes Gesetz. Da bringt das Gerücht, die englische Beatgruppe *The Hollies* werde demnächst in Ostberlin gastieren, Thomas Mertin und seinen Freund Maikel auf die Idee, selbst eine Combo zu gründen. Zunächst scheint alles ganz einfach: Mitstreiter sind schnell gefunden, aus Ideen entstehen eigene Titel und Frauke, der Schwarm der ganzen Schule, wird sie singen. Doch dann versetzt ein Zufall den Apparat in Wallung, und was die Jugendlichen anfangs eher amüsiert, verstrickt sich rasch zu einem gefährlichen Netz, in dem nicht mehr klar ist, wer da an welchen Fäden zieht.
ISBN 3-931950-54-9   **Preis: 9.90 EURO**

projekte-verlag 188, 2002
in Zusammenarbeit mit der JUCO GmbH
Redaktion: Konrad Potthoff & Reinhardt O. Hahn
Umschlagentwurf: Melanie Moritz
unter Verwendung eines Bildes von Jay Belmore
Grafik & Illustration: Melanie Moritz
Texte von P. D. Bartsch
Layoutgestaltung: Olaf Meisezahl
Digitaldruck: JUCO-GmbH
ISBN 3-931950-68-9

Sie finden uns im Internet unter
www.projekte-verlag.de

Titel, die seit der Frankfurter Buchmesse 2003 erschienen sind

Chroniken

Vergessene Zeitzeugen der halleschen Stadtgeschichte
Siegfried Schroeder ISBN 3-937027-37-8 15,90 €

Erzählungen

Pauls Zustand
Horst Prosch ISBN 3-937027-55-6 14,80 €

Till Eulenspiegel – 66 gesammelte historische Geschichten
Hans-Jürgen Thomann ISBN 3-937027-45-9 14,80 €

Tinte, Tod und tausend Tränen
Erhard Wenzel ISBN 3-937027-48-3 9,90 €

Impressionen Japan/Tokyo
Rudolf Hufenbach ISBN 3-937027-34-3 8,50 €

Gefangen im blühenden Leben
Angelika Reinsch ISBN 3-937027-49-1 7,50 €

Fantasie

Rettung der MIR
Hans-Jürgen Frank ISBN 3-937027-33-5 14,50 €

Kinderliteratur

Auf der anderen Seite des Walls
Reinhardt O. Hahn ISBN 3-937027-31-9 5,00 €

Die Fee Franz und noch andere Wunder
Konrad Potthoff ISBN 3-937027-30-0 3,90 €

Schmetterling Jimmy und das Tal der Rosen
Peggy Theuerkorn ISBN 3-937027-51-3 10,80 €

Die abenteuerliche Auswanderung
Jan De Piere ISBN 3-937027-21-1 9,95 €

Kriminalromane

Ein Toter spricht sich aus oder Alles, was verboten war
Karlheinz Klimt ISBN 3-937027-42-4 14,80 €

Das Geheimnis der Villa Cortese
Wolfgang Mogler ISBN 3-937027-41-6 12,80 €

Titel, die seit der Frankfurter Buchmesse 2003 erschienen sind

Kurzgeschichten

Bilder des Blickes
Thomas Gechter   ISBN 3-937027-43-6   9,80 €

Lyrik

Wer zu früh lacht ...
Arno Udo Pfeiffer   ISBN 3-937027-52-1   8,50 €

Den Zustand ändern
Hannelore Schuh   ISBN 3-937027-50-5   6,80 €

Letzter Sommertag
Wolfram Kristian Meitz ISBN 3-937027-44-0   7,50 €

Romane

Aus Liebe zum Volk
Reinhardt O. Hahn   ISBN 3-931950-36-0   9,80 €

Die Leipziger Protokolle
Reinhard Bernhof   ISBN 3-937027-38-6   14,50 €

Zwischen Pflicht und Menschlichkeit
Ingrid Böttger   ISBN 3-937027-56-4   11,50 €

Sachbuch

Aus Flandern in die Mark
Susanne Wölfle Fischer   12,50 €

„... mein Traum vom Glück war groß und tief" – Der „Brasilianer" aus Danstedt
Alfred Bartsch / Paul D. Bartsch   ISBN 3-937027-16-5   10,00 €

Mein Gedicht ist mein Bericht
Angelika Arend   ISBN 3-937027-15-7   17,00 €

Zeitzeugen-Berichte

Diagnose: Borderline-Persönlichkeitsstörung
Angelika Johanna Lazara ISBN 3-937027-32-7   9,80 €

Im Krieg und danach
Edith Lux   ISBN 3-937027-54-8   24,50 €

Das 20. Jahrhundert
Werner Gratz   ISBN 3-937027-26-2   16,35 €